梅兰芳艺术人生文丛

刘 祯／主编

梅蘭芳

◎柯琦 编著

与新中国

知识产权出版社

全国百佳图书出版单位

——北京——

「梅兰芳艺术人生文丛」的整理出版为北京市西城区文化艺术创作扶持专项资金2020年度扶持项目

序

"他在深厚传统和广泛吸收多家所长的基础上创造了极其精美的艺术。他不愧为现代世界上伟大的表演艺术家之一。他的艺术是近千年来中国戏曲艺术历史上的高峰之一。他是一代宗师,对一代艺术家发生了积极的、深刻的影响。梅兰芳是把中国戏曲舞台艺术介绍到国外,并获得盛誉的第一个戏曲表演艺术家。"(朱穆之《永不停步的革新精神——纪念艺术大师梅兰芳诞辰九十周年》）这个"他"，就是 20 世纪中国最伟大的表演艺术家之一——梅兰芳。

轻拂时间的尘封，走入历史的情境中，回看梅兰芳的一生，依然那么清晰，又那么熟悉。在 20 世纪初新与旧、古老与现代、东方与西方的文化碰撞和争持中，梅兰芳的出现，顺应时代要求和审美追求。他通过持之以恒的努力、追索，将京剧艺术推向了一个新的高度，也使得"梅兰芳"这一名字与京剧、与时代紧紧地联系在一起。而从中国艺术、中国文化的传承脉络来看，其实梅兰芳及其京剧艺术早已融汇到今天的舞台艺术和文化基因里。

演员是梅兰芳的职业，他以自己的努力和奉献，把京剧的旦行艺术推向了新的高度；同时，作为那个时代引领风气之先的人物，他的行为思想又与时代社会紧密联系，为人们所关注，成为时尚标志。而在那个动荡、变幻莫测的时期，梅兰芳洁身自爱，不随波逐流，注重自我品德修养，追求进步，为人中和而讲原则，是非分明；他身上的家国情怀，如傲雪红梅，如罹霜松柏，坚贞不屈，坚定不移。台上，他扮演了数以百计不同身份、不同性格的女性人物，个个美丽动人，熠熠生辉，善恶分明；台下，他是铮铮男儿，有血有肉，与人为善，助人为乐，热心公益，具有高度的文化自觉。他有开阔的视野和世界眼光，访日、访美、访苏演出，使中国戏曲得以走上世界戏剧舞台，形成与世界其他戏剧体系平等交流、对话的格局，进一步构筑和阐释了中国戏曲的体系特征，展示了中国传统文化的魅力，提升了中国文化和中国人在世界中的地位。

梅兰芳是 20 世纪伟大的京剧表演艺术家，是传承者，是革新者，也是一位绘画大家，是那个时代的时尚代表，是那个时代的文化表征，是那个时代的文化使者，是一位伟大的爱国者，是为人们所爱戴的人民艺术家。本文丛试图让人们了解和看到的就是这样一位血肉饱满、生动鲜活、爱憎分明、初心不改而多姿多彩的梅兰芳！

梅兰芳在第一届全国人民代表大会上投票

导　言

　　20 世纪前期梅兰芳开创了京剧表演艺术的新时代，带来京剧艺术发展深刻的变化，成为"四大名旦"之首。1949 年中华人民共和国成立，中国历史和社会翻开崭新的一页，人民当家作主，艺伶成为文艺工作者，成为真正的艺术家，梅兰芳的事业和人生也开启了新航程。

　　梅兰芳是一位演员，也是一位艺术家，舞台是他始终坚守的阵地。此时，他以饱满的热情积极投入新中国的建设伟业，走遍大江南北，深入基层，远涉边疆，为工农兵服务，为前线战士服务，给他们带去艺术之美与精神之光。同时，梅兰芳也肩负着传承戏曲艺术、弘扬传统文化的使命，先后担（兼）任中国戏曲研究院院长、中国京剧院院长、中国戏曲学院院长等领导工作，积极响应"百花齐放，推陈出新"的文艺方针，参与戏曲改革，参与新中国的文艺建设事业。1959 年梅兰芳更是推出了自己精心打造的京剧《穆桂英挂帅》，向国庆 10 周年献礼，该剧也成为他后期京剧创作的代表作，思想艺术上达到了一个新的高度。也是在这一年，梅兰芳终于加入向往已久的中国共产党，实现了自己的多年夙愿。

　　梅兰芳的新中国岁月，由于中国共产党和人民政府对传统艺术的守护和尊重，使得具有高度文化自觉和使命担当的梅兰芳，重新焕发艺术生机。他孜孜不倦，身体力行，为人民服务，在那个火热的年代里，在戏曲改革、戏曲教育、戏曲传承、戏曲发展和文化交流传播诸方面都作出了重要贡献，同时也留下了许多激动人心的故事。

　　站在今天回望梅兰芳的新中国岁月，我们依然会被他在花甲之年所迸发出的巨大热忱所感染、所激励。也希望这本小书能通过带领大家回顾梅兰芳的一步步历程、一个个故事，来体会那个火热的年代。

出席第一届全国人民代表大会的代表们在会议休息时互相
交谈。（自左至右）：数学家华罗庚、作家舒舍予、建筑学家
梁思成、京剧演员梅兰芳。

一、躬逢天地换新颜

　　1949 年 5 月 27 日，上海解放。这天清晨，梅兰芳就上街了。他从位于马斯南路的梅宅一直走到建国东路，沿途看见不少解放军战士就地睡在马路边。回家后他高兴地告诉家人："共产党领导的军队确实已解放上海，纪律好极了。"所见所感使得他对自己当初的抉择愈加笃定。

把时钟拨回到 1949 年初，彼时梅兰芳刚刚完成中国第一部彩色电影《生死恨》的拍摄，正寓居上海。国民党方面的各种力量，都在积极地动员梅兰芳离开大陆赴台湾演戏，沪上报纸频传台湾中山堂剧院邀梅兰芳赴台演剧的消息。梅兰芳多年合作的伙伴齐如山也来上海劝梅兰芳与他一起赴台。但梅兰芳心中早有决断。早在年初，中共上海地下组织就委托上海剧影协会筹委会负责人熊佛西去看望梅兰芳，动员他留在上海，迎接解放，梅兰芳慨然允诺。

上海市解放三天后，梅兰芳率梅剧团在南京大戏院为解放军演出了三场戏。第一天演出结束时，夏衍陪同陈毅市长来到后台的化妆室，向梅兰芳致以诚挚的谢意。同年 6 月，梅兰芳接到邀请，赴北平参加第一届中

梅兰芳出席第一届中国人民政治协商会议,与周信芳(右一)、
袁雪芬(左二)、程砚秋(左一)合影

华全国文学艺术工作者代表大会(简称第一届文代会),
他和周信芳随南方代表第二团登车北上。车到南京,刘
伯承设宴欢迎梅兰芳和代表团。火车到浦口上了渡轮,
一位老工人认出梅兰芳,主动过来握手问候。火车过了

浦口继续北开，车头前面的两面五星红旗中间，挂上了梅兰芳的《天女散花》剧照，同车代表跟梅兰芳开玩笑："现在火车成了您的专号了。"1913年梅兰芳初次赴沪演出时，搭乘的便是刚刚通车的津浦线，那是他蜚声南北的起点，而这一次他又搭乘津浦线北上，去见证共和国的诞生。

1949年6月26日晚，火车到达北平，车站月台上挤满了欢迎的人群，京剧名家尚小云、荀慧生、谭富英、萧长华、姜妙香、李少春、叶盛兰、裘盛戎、叶盛章、袁世海、筱翠花、李宗义、刘连荣等共百余人及西北戏剧学校学生都在欢迎人群前列。梅兰芳、周信芳下车后和人们热情握手。梁小鸾、云燕铭、杜近芳、林蕴华代表北平戏剧界向代表团献花，人们欢呼梅兰芳的归来，并报以长时间

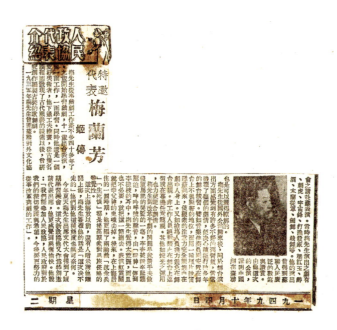

《人民日报》所载《人民政协代表介绍：
特邀代表——梅兰芳》剪报

的掌声。7月初，第一届文代会在北平的怀仁堂正式召开。
梅兰芳和文学艺术界的代表尽情交流，畅谈戏曲改革的
前景，并在会上发言："我在戏剧界已经工作了四十几年
了，没有什么大的贡献，真是惭愧得很。此次在会上听到

梅兰芳在文代会上与盖叫天（左一）、周信芳（右一）合影

各位首长、专家对于我们所演的戏剧这样重视，并且提出了各种改革意见，本人尤其觉得兴奋……这次在会中听到各位先生的高论，更感觉到我们所演的戏剧的内容有进一步改革的必需。不过这种工作相当艰巨，一方面要改革内

容，配合当前为人民服务的任务；另一方面要保存技术的精华，不致失传。关于这两点希望人民政府和文艺领导机关指导协助，使我们得到正确的路线，使这千百年来遗留下的文化遗产能够发扬光大，在新民主主义旗帜之下，在毛主席领导下，真正达到为人民服务的目的。这是兰芳跟本界工作者所希望实现的事。"

梅兰芳早在民国初年就以古装新戏和时装新戏使整个剧坛的局面为之一新，他也曾借助数次带戏出洋的机会努力革新剧场上的种种积习，还曾于访美归来后组织北平国剧学会，希望对京剧进行整体上的推进。然而以上诸多尝试都囿于商业环境和政治时局而未能对京剧进行全面革新，但新时代的曙光给予了梅兰芳更多的信息，将这场革新推向戏曲传统的更深处。

会上，梅兰芳受到了毛泽东、周恩来的接见。回到招待所，梅兰芳兴奋地对夫人福芝芳说："今天我见到了毛泽东主席、周恩来副主席。毛主席是那样和蔼可亲，令人敬爱。周副主席对每一位代表都十分关怀。他对我说：'三十年前，南开校庆，我们排演了话剧《一元钱》，北京文艺界曾邀我们来京演出。'他说到这里，我想起来了，就说：'您在《一元钱》里演一个女子，演过之后，好像我们还开了座谈会。'周副主席笑着说：'对，虽然那是青年时代的事，但我们可以说是同行。'"周总理的这句"同行"对于在旧时代被视为"下九流"的伶人来说，自然有不一样的分量。

9月4日，梅兰芳接到了新政治协商会议筹备会的开会通知，动身离沪，前往北平参会，住在六国饭

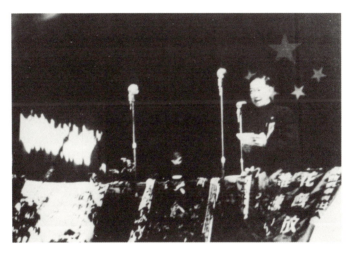

梅兰芳在第一届全国戏曲观摩演出大会上讲话（1952 年）

店政协招待所。9 月 21 日，梅兰芳出席了中国人民政
治协商会议第一届全体会议开幕式。会议期间，梅兰
芳做了大会发言。在发言中，他掩饰不住激动的心情，
诉说了自己切身的感受："我在旧社会是没有地位的，

今天能在国家最高权力机关讨论国家大事，又做了中央机构的领导人，这是我们戏曲界空前未有的事情，也是我祖先们和我自己梦想不到的事情。"会议期间，梅兰芳还热情地在专场文艺晚会上演出了《宇宙锋》。9月30日，政协会议闭幕，梅兰芳当选为政协全国委员会常务委员。

10月1日，梅兰芳登上天安门城楼，参加了中华人民共和国中央人民政府成立的庆祝典礼，见证了新中国的诞生。

1949年10月2日，中华全国戏曲改革委员会成立。田汉任主任，杨绍萱、马彦祥任副主任，马少波任秘书长。同时，任命梅兰芳为京剧研究院院长。当天晚上，

梅兰芳在天安门城楼上

梅兰芳应邀与田汉共同主持了中华人民共和国成立庆祝晚会，演出剧目有《武家坡》《打渔杀家》《群英会》。1950年11月下旬，原中央人民政府文化部在北京召开了全国戏曲工作会议，两千多名来自各省的戏曲工作者出席了会议。梅兰芳在大会发言中说："自我演戏以来，这是第一次看到戏曲工作受到如此的重视。不止我一人，在座的都十分感动。"会议期间，梅兰芳白天参加讨论，晚上在大众剧场进行观摩演出。1951年2月5日，农历除夕，梅兰芳剧团参加怀仁堂晚会演出，和中央首长一起欢度春节，演出的剧目是《金山寺·断桥》。第二天是农历新年，梅兰芳之子梅葆玖继续在怀仁堂演出。梅兰芳在台下看戏时碰到了周恩来总理。周总理幽默地对梅兰芳说："除夕看老一辈艺术家，新年看青年一代，你来看戏，一定很高兴吧。"后来他又在休息室碰到了毛泽东主席。回到家里，梅兰芳刚一进门，就迫不及待地笑着对福芝芳说："今天在休息室里见到了毛主席，他含笑对我说：'昨天看了《金山寺·断桥》，你的白娘子扮相与众不同，想得很妙，浑身穿白，头顶一个红绣

梅兰芳（左三）出席全国人民代表大会时，与田汉（左二）
等合影

球。'"接着，梅兰芳感叹起来："毛主席看戏可真仔细！
这么多年，从未有人谈过白娘子的扮相。的确，我是费
了很多时间来研究，才改成现在这个样子的。"

梅兰芳后期演《白蛇传》扮相，梅兰芳饰白素贞，梅葆玖饰青儿

1951 年，梅兰芳接受原中央人民政府政务院的任命成为中国戏曲研究院首任院长，完成了从伶人到文艺工作者、人民艺术家的身份转变。毛泽东主席为新成立的中国戏曲研究院题词"百花齐放，推陈出新"。周恩来总理也送来了题词"重视与改造，团结与教育，二者不可缺一"。在周恩来总理的直接关怀下，梅兰芳全家搬回北京，住进了护国寺街 9 号院。他时隔十八年后再度定居的这座城，已非他 1932 年离开时的那座旧北平，而是一个朝气蓬勃、充满力量的新北京。

梅兰芳在湖南演出时，与姜妙香合演《奇双会》

二、踏歌而行遍九州

　　1951 年，周恩来总理建议梅兰芳去东北、西北、西南这些没有去过的地方转转，跟观众见见面。梅兰芳深受鼓舞，把自己的老搭档们都请回剧团，挂帅重征，演出足迹遍及十七个省市，多次远赴之前并未涉足的哈尔滨、齐齐哈尔、西安、太原、兰州等内地城市为工农群众演出。他向基层的工农兵群众传递戏曲之美、传递党和国家的关怀，也使自己的艺术传播到了更广泛的人民群众中，成为一名名副其实的人民艺术家。

梅兰芳成为中国戏曲研究院院长后，随之而来的繁重的行政工作并没有消磨他对演出的热情，他反而用一生中最为繁忙的演出活动来回报祖国和人民。

从 1950 年至 1961 年，梅兰芳度过了一生中最有意义也最紧张的演出生活。他已经不满足于像解放前一样在大城市"戏码头"演出，而是带领着剧团踏遍祖国大江南北，远赴前线为志愿军战士表演，深入基层为工农群众服务。

梅兰芳常对子女说："抗战八年，我没唱戏，胜利后，即使演出，也是为少数人服务；现在全国人民

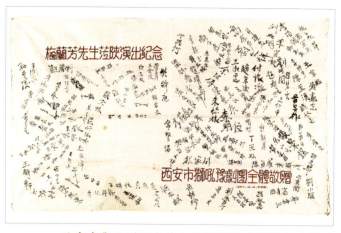

西安市狮吼剧团全体人员赠送梅兰芳的签名绸缎

都想看到我的戏，如果我总是蹲在北京唱，倒是不累，但外地观众又不可能到北京来看戏，所以不到他们中间去，也实在太不负责了。"因此，在梅兰芳去世前的十多年中，他经常到外地去巡回演出。每次外出时间短则一个月左右，长则两个多月之久。1950 年 9 月，梅兰芳率剧团到天津连续演出达四十余场，历时两个多月。1951年4月到汉口演出，直到6月下旬才返京，所到之处受到广大人民群众的热烈欢迎，每次演出都盛况空前。

在周恩来总理的支持下，1955年1月，中国京剧院正式成立，梅兰芳出任院长。周恩来总理语重心长地对梅兰芳说："中国京剧院是国家剧院，在全国要起示范作用。全国人民都盼望能见到梅先生的艺术。目前，你的任务有两个：一是成立梅兰芳剧团，到各地巡回演出，满足全国人民欣赏要求，并为青年演员作示范；二是整理舞台艺术的经验，著书立说。中国京剧院的日常工作，可由副院长马少波负责。"

梅兰芳在汉口慰问武钢工人演出后谢幕

　　连续的高强度演出也在一遍遍地考验梅兰芳身体的
极限。1956年10月梅兰芳赴上海演出，印度尼西亚总统
苏加诺在上海观看了梅兰芳演出的《洛神》，演出结束

后登台向梅兰芳致贺。10月中旬，梅兰芳又应原浙江省文化局的邀请，在杭州作短期公演。演出的间隙，他还与浙江省的八十多位演员在中国戏剧家协会浙江分会举行座谈会，他以自己四十多年的舞台经验，给演员们解答了如何进修、不断提高艺术水平的问题。梅兰芳11月初抵达江西南昌进行演出；12月初抵达湖南，在赴湘潭韶山参观了毛泽东故居后，返回长沙进行演出。在长沙演出期间，他还捐出六百元"寒衣款"给湘西苗族自治州的灾区人民，并给该州人民委员会写了一封信："我来长沙听见你处受到旱灾的情况，我正在演出期间，不能亲自前来慰问，至深歉疚。特汇奉人民币六百元，请代制寒衣转赠灾区人民，以表我对受灾群众的挂念心情。"在由长沙赴武汉演出的路途中，一向看重身体健康，注意休息和饮食的梅兰芳却病倒了。病休期间，武汉观众的慰问信一封封送至梅兰芳病榻前。病愈后，他先是与汉剧名伶李春森、李四立合演了《白罗衫》，然后在武汉人民剧院给武汉观众带来了盼望已久的《贵妃醉酒》。他还在武钢工地为建设者们做了两场慰问演出，演出了《贵妃醉酒》。演出结束后，工地建设者们把一面绣有"热心为基建服务"的紫红色金丝绒锦旗献给梅兰芳。1957年2月底，梅兰芳结束浙、赣、湘、鄂巡回演出，携剧团回到北京，此时距离剧团离京将近五个月了。

在巡演期间，六十岁高龄的梅兰芳先生本来是没有必要亲自进行如此高强度的演出的，但是他对表演、对祖国、对劳动人民的热爱支撑着他以人民艺术家的新身份，把所热爱的戏曲艺术传递给更多同样热爱这门艺术的同胞。

梅兰芳在韶山毛泽东故居观看毛泽东少年时的课本

正如他于 1954 年 9 月分别发表在《北京日报》和《光明日报》上的文章中所描述的那样："难忘的一九四九年，给我和全国的艺人带来了光明。我演出的地点，已不是仅限于几个大城市，观众的成分比解放前也有了巨大的改变。从这时起，我一次又一次地参加了在中国共产党领导下的政治运动，参加了新中国的社会活动、接触了广大劳动人民；特别是学习过毛主席在延安文艺座谈会上的讲话以后，明白了戏曲工作者应该为人民大众首先是工农兵服务的方向，也逐渐地明白了工农兵对文艺的要求。我的思想很快地有所改变，表演情绪也跟着有所提高。我在演出时，不断地得到劳动大众工农兵的鼓励，使我在表演艺术上有了新的创造、新的生命。

"五年以来，我的观众圈子比过去扩展了几十、几百倍，不但观众的数量有了空前的扩展，而且工人、农民和战士占了极大的比例。"

"工农兵劳动人民，使我的舞台生活起了巨大的变化。他们对我的热烈欢迎和关怀，给我以极大的鼓舞，也给我以新的力量，使我的艺术创作有了新的生命，因而增强了舞台实践的信心。在去年一年中，我在部队、厂矿和接近农村的中小城市演出将近两百场，几乎要超过战前的纪录。虽然如此，我并不感到疲累，相反地，在实际锻炼中，不但克服了由于长期停演所造成的体力上的一些困难，而且体力更加充实了，又恢复到应付裕如的境地。前年在天津第一文化宫为工人同志们演出时，琴师看我嗓音比较痛快，就长了一个调门，我唱

梅兰芳在山西

起来也毫不感到费力。不仅如此，在表演艺术方面还有
了提高。例如，经过抗日战争期间八年的停演，我的嗓
音中落了；可是在解放以后，我下了一番功夫，因此在

太原群众欢迎梅剧团前来演出

行腔、用气、吐字方面更有了新的体会。此外，对剧中人物性格的体会，也比从前深入了许多，因而演起来也比从前的感情更丰富。总的来说，我在这五年当中的进步，比过去四十年的进步还要大。"

　　梅兰芳在演出生涯中，身体力行地回应广大工农兵劳动人民对他的热爱。中华人民共和国成立后的几年里，梅兰芳率领剧团经常在天津、上海、青岛、石家庄等地为工人演出。梅兰芳在天津工人文化宫演出后，几位工人给他写信，表达他们观看演出后的喜悦和满足，决心以努力完成生产计划的实际行动来感谢梅兰芳。在上海文化广场演出时，每场都有近两万名工人看戏，他们准时来到，排队入场，看戏时非常安静，但也能在演出最精彩之处报以热烈的掌声。

梅兰芳着矿工服在井下为煤矿剪彩

　　梅兰芳曾随首都文艺工作者访问京西门头沟、城子两座煤矿。他身穿矿工服、头戴矿工帽，深入地下300米，与正在劳动的矿工同志见了面，亲切地交谈，并试着拿起砧枪与大家一起劳动。时任中国戏曲研究院副院长的马少波则笑他简直像个矿工，而不是梅兰芳了。在井下是没有条件扮装演出的，只能清唱，有一位矿工兄弟对梅兰芳说："我们干得好，把您们引来啦！您一来，我们要干得更好！"这是多么朴实动听的话，它表达了千千万万矿工同志对他的厚爱。梅兰芳回家以后对子女说起这件事，感慨道："我永远也忘不了这位矿工同志说的话。"

1953年10月，中国人民赴朝慰问团成员，京剧名家在志愿军后勤部大礼堂演出后，游览普光殿合影。前排马连良、志后秘书长黄澍霖、周信芳、梅兰芳，后排程砚秋、原文化部艺术局副局长马彦祥

三、南北前线传梅曲

中华人民共和国成立后，国内环境渐趋稳定，但风云莫测的边防局势让共和国的战士不敢有片刻消歇。作为服务工农兵群众的人民艺术家，梅兰芳多次奔赴祖国的南北前线。他曾远赴朝鲜前线演出三十余场，即便在刮风下雨的恶劣天气里，还是坚持在简陋的露天戏台演出。他也曾奔赴福建海防前线，在炮兵阵地上、在水兵舰艇上、在战地医院的病房里，随处作场，为解放军战士演唱。

梅兰芳参加中国人民赴朝慰问团

中国人民赴朝慰问团纪念章

梅兰芳、周信芳、程砚秋、马连良与
中国人民志愿军战士合影

1953 年 7 月 27 日，朝鲜停战协定签订。10 月 4 日，
中国政府派出了赴朝慰问团。这是自朝鲜战争爆发以来
中国政府第三次派出慰问团，贺龙为总团长，梅兰芳担
任副总团长。慰问团共 5448 人，其中剧团、歌舞团、

技艺团共四十个，还有全国各方面代表。京剧团的班底是华东戏曲研究院京剧实验剧团，由周信芳率领，有着长期敌后工作经验。梅兰芳、程砚秋和马连良各自剧团的强援也加入京剧团。这个小规模的剧团集中了中央特派的梅兰芳、周信芳、马连良、程砚秋四大头牌，以及李玉茹这样的当红名伶，因而贺龙元帅风趣地称它为"天下第一团"。

1953 年 10 月，组织上通知梅兰芳参加第三届中国人民赴朝慰问团。听到这个令人振奋的消息，梅兰芳当即兴奋地说："这是我早已许下的心愿，今天总算要实现了，我一直想演戏给祖国最可爱的人看，能到朝鲜慰问他们，心情确实是非常激动的。"

尽管梅兰芳曾数次带戏出洋，远赴欧美，但这次赴朝演出对他来说无疑是一次全新的体验。这个小规模的京剧团被分成两个小组，穿行在朝鲜各地进行慰问。他们克服场地、天气等方面的各种困难，完成各种突击任务。面对种种演出条件的限制，梅兰芳还以非常积极乐观的态度总结了因地制宜的演出经验：

在朝鲜演出，广场露天的时候比较多，天冷，经常要刮台风的，夜晚更冷。平时穿了毛衣、皮大衣，还觉得不够暖和；可是上台演戏，旦角只能穿很少的衣服。过去在剧场里穿得单薄点已经成为习惯，现在环境变了，要在冬天的广场上露天演出，这是我几十年舞台生活史上所没有过的经验。我也考虑到，在这样的情况之下演出，绝不可能是一两次，要多做精神准备；同时还不能只演一场戏就给冻病了，要是不能完成演出任务，那就对不起志愿军，对不起祖国人民托付的光荣任务。扮戏以前，我在后台先把大衣脱掉，待一会，又脱里面的毛衣，这样做是让自己的体温能和寒气逐渐适应，增加抵抗力。程砚秋先生问我这是干什么，我说，要是不这样，回头出台，猛然一下子脱掉好多件衣服，准伤风的。程先生试了一下，觉得果然不错。往后，我们都这么办了。在广场演出，遇到台风的时候，也是很麻烦的，怎样在风里把戏演好，这也是新的经验。不管风怎么吹，我总是顺着风向做身段，一抖袖、一投手，都得使它美化，绝不能叫风妨害表演，或是草草终场；有时一张口又逆着风，我也没法避开它，尽量让唱出来的腔调送到最后排去。戏演完了，一身汗，按照平常的习惯，我到了后台就把汗湿了的内衣全换下来。在朝鲜广场露天演出，后台挡风的设备主要是戏箱子（有时

梅兰芳在辽宁锦州评剧院慰问演出结束后，接受
志愿军女功臣献花

抗美援朝书画义卖会事实概要

在帐篷里扮戏），寒气还是很大的，这时换衣，一准儿受冻，我就得改变习惯，用大衣捂住身体，回到住的地方再换。总之，你得想尽一切办法积蓄力量，保持健康，克服困难，完成演出任务。

平常扮戏，先用热水洗脸，搽蜜，然后再用水彩化妆；卸妆时，也是用热水洗脸，这是我五十年来扮戏的唯一方法。在朝鲜演出当中，热水不是没有，但要给志愿军战士增加很多的麻烦；有些青年演员就不用水彩，改用油彩扮戏，省事多了。我看这方式不错，就决心向青年演员同志学习，也用油彩扮戏，把几十年来用水彩的习惯也改变了。后来，很多演员都跟着采用了这个方法。[1]

---

1 蔚明《访赴朝慰问归来的梅兰芳》，《文汇报》1954 年
  1 月 23 日第 5 版。

　　他尽力在有限的条件下追求极致的演出效果，但也尽量避免给前线的同志增添一丝一毫的麻烦。梅兰芳在这些细节上虚心钻研、精益求精，不仅仅是多年来的专业精神使然，也是对这次演出任务的一种深度体认。他在为志愿军演出，在替祖国人民慰问前线最可爱的人，在这里找到了一种他追求已久的深度共鸣。

　　早在 20 世纪 30 年代，九·一八事变爆发之后，梅兰芳就频繁奔波在抗日救亡的后方阵地上，出演义务戏，赈济灾民，捐助东北义勇军，"一切开销，皆系自备，所有收入，尽交灾民"。但高额的义务戏票价，使得报刊讥讽他所献艺的对象始终是"天堂中的福气人"；而耽于享乐的后方氛围，使得"隔江犹唱后庭花"这类刻薄的讥讽落到了这位奔波不停的爱国者身上。

而这一次，梅兰芳终于可以用更直接、更纯粹的方式表达自己对祖国人民的爱与忠诚。他在朝鲜各处向志愿军战士和朝鲜人民献艺，在露天舞台上演唱，在炊事班宿舍里演唱。他的投入也得到了志愿军观众们热烈而诚挚的回应，最令他记忆犹新的是在雨中清唱的故事：

这是一次在广场上招待志愿军的演出，舞台是志愿军用一个晚上临时搭成的，在开演前几个小时，台下广场上已是人山人海。战士们有的带着小板凳，有的席地而坐，有的被挤到戏台的前边，再往远处看，房顶上还蹲着不少人。参加晚会的统计人数是一万二千人左右，可是消息一经传开，陆续从远处赶来了许多战士，还有附近的朝鲜人民，加起来观众将近两万人。这天的节目有《收关胜》《女起解》《金钱豹》，大轴是梅兰芳和

《雨中清唱》手稿

马连良的《打渔杀家》。但是，第一出戏刚要结束，梅
葆玖出演《女起解》中的苏三已妆扮完毕等候出场时，
突然刮起大风，雨也跟着下起来了，而且越下越大，主
管晚会的同志商量后对梅兰芳说，如果淋湿了服装道
具，会影响以后的演出任务，今天的戏就不演下去了。
他们已经跟看戏的志愿军同志沟通过了，请他们归队，
但是全场同志们都不肯走，他们一致要求和梅先生见一
见面，请他讲几句话。梅兰芳当即表示："只是讲几句
话，太对不住志愿军同志们。况且他们有走二三百里路
赶来的。这样吧，我和马连良先生每人清唱一段，以
表示我们的诚意。"马连良唱了一段《借东风》之后，
梅兰芳接着唱了一段《凤还巢》。关于这段经历，梅兰
芳深情地回忆到："我看到地上积满了水，志愿军同志
们的衣服都湿透了。但是他们却端坐在急风暴雨中，聚

《凤还巢》中梅兰芳饰程雪娥的不同身段

《凤还巢》中梅兰芳饰程雪娥的不同身段

精会神地望着我，听我唱。从他们兴奋无比的面部表情上，从每当我唱完一句、他们在过门当中热烈鼓掌的动作上，可以看出他们是多么热爱民族艺术，多么热爱来自祖国的亲人。我不禁感动得流下泪来。雨水从我的帽檐上往下流，和泪水融汇在一起。如果说，在通常的演出场合，观众与演员之间还存在着界线的话，那在这里是没有界线的，也没有观众和演员之分，台上台下都忘掉了寒冷，忘掉了风雨，彼此的心情真正达到了水乳交融的地步。这一次的雨中清唱，在我数十年的舞台生活中，是没有前例的，也是我在赴朝慰问演出当中最难忘的一件事。"[1]

---

[1] 梅兰芳《雨中清唱》，《新观察》1954年第3期。

1958年10月中旬，中国文联组织文艺界赴福建前线慰问，梅兰芳与文艺界的许多同志奔赴前方。田汉等人考虑到梅兰芳是首次入闽，只要求他多跟群众见见面、说说话，或清唱几段，所以只带了一位琴师。但是梅兰芳想到万一有机会化妆演出，就能让战士看到完整的剧目。于是，他匆匆带上了《宇宙锋》的行头，因为这个戏需要的配角较少，有班底条件时可以演。但实际情形完全变了，福建省领导为了配合梅先生的演出，把在厦门地区工作的中国京剧院二团全体调到福州来了。于是，这个慰问团成了一个以京剧为主，配以歌唱、朗诵、说唱、舞蹈的演出团体，到处掀起了以广大军民为对象的轰轰烈烈的慰问活动。在福州的演出，观众最多的一次达六千人以上，厦门市和厦门大学各达四千多人；泉州、漳州各地的主要演出观众也都有两千人以

梅兰芳在福建前线慰问解放军时的合影

梅兰芳在福建部队与战士联欢，战士操琴，梅兰芳清唱

上，前后二十五天，观众总数达六万五千余人。在与马祖列岛遥遥相望的金沙乡的一次演出中观众也有近四千人，几乎把琅岐岛全部居民都吸引来了。

但在厦门最前线，炮战在不断进行，不能进行大规模的演出活动，慰问团和剧团就分成小组深入前线阵地，给战士和民兵演出。梅兰芳也不顾危险，到最前沿坑道访问，没有琴师，就由战士操琴，他热情地为英雄们演唱。回到北京后，他还不忘对业余研习胡琴的儿子梅葆琛提起这位操琴的战士："这位战士的二胡拉得太好了，托腔严密，更使我兴奋的是能在那里和英雄们在艺术上进行一次难忘的合作。战士不仅是所向无敌的勇士，也是多才多艺的文艺尖兵。你也应该向战士们学习，在业余时间继续练习，拉好二胡。"

中国第一部彩色影片

生死恨

主演 梅蘭芳

费穆导演

1948 年梅兰芳拍摄我国第一部彩色戏曲
电影《生死恨》的观影说明书

A Wedding in the Dream

四、影画存真细磨勘

　　1952 年春天，原文化部决定为梅兰芳拍摄一部大型彩色舞台纪录片，把他的舞台形象和表演技巧记录下来，总结他数十年的表演经验，以及介绍京剧旦角的表演艺术。同年冬，原国家电影局派了电影导演吴祖光来拜访梅兰芳，沟通拍摄计划。梅兰芳谈道："三十多年来，我从早期拍摄《天女散花》《春香闹学》……一直到彩色戏曲艺术片《生死恨》，前后拍过几部电影，我都不甚满意。但我对拍电影的兴趣，并没有因此减退。我想，总有一次会拍好的。"这句简简单单的"不甚满意"其实潜藏着梅兰芳电影生活的诸多遗憾。

梅兰芳第一次拍摄电影是在 1920 年，当时他带剧团赴上海演出，应商务印书馆之邀拍摄了电影《春香闹学》和《天女散花》。1932 年一·二八事变中，商务印书馆印刷所被日本飞机投弹炸为平地，库存影片全部被毁，这两部电影的拷贝因此失传。而抗战前梅兰芳在国内拍摄的其他影片，也因为类似的时局制约，没有拷贝留存下来。1948 年，由吴性栽投资，费穆指导，梅兰芳主演的电影《生死恨》在上海开拍，这是中国第一部彩色电影。当时中国并不具备洗印彩色胶片的技术，拍摄完成后需寄往美国洗印。当拷贝从美国寄回后，梅兰芳

梅兰芳拍《生死恨》电影剧照，饰韩玉娘，
姜妙香饰程鹏举

等人满怀欣喜地去卡尔登电影院看试片，但第一幕一放
映出来，令人大失所望：颜色走了样，红的不够红，蓝
的不够蓝，人像有时模糊不清；而录音方面更糟，金属

乐器如小锣等的声音竟是不稳定的，唱腔有时也颤抖不稳，口形与声音有时竟没对上……梅兰芳越看越生气，坚决主张不发行这部电影。第二天，费穆通过梅兰芳的秘书许姬传向梅兰芳解释：影片拍摄时用的是 16 毫米的小胶片，不能印声带，只能寄到美国去放大，印成 35 毫米的片子后，才能适用于电影院，但是小片放大后颜色就变淡了，这是没有办法的事。至于"夜诉纺织"一场音画不同步的问题，是由于拍摄的时候电压不稳，导致录音机与摄像机马达速度不平衡造成的。费穆为了解决这个问题，拿了备用的拍摄画面，把两条并成一条，对着录音唱盘一寸一缕地剪辑，才算勉强接好。他知道这次拍摄等于在梅兰芳面前交了白卷，但是如果影片不放映，华艺公司将就此破产。梅兰芳考虑再三，最后还是顾全大局，同意华艺公司发行这部影片。

梅兰芳拍摄影片《游园惊梦》时与导演崔嵬（前左二）、俞振飞（前左四）、言慧珠（前右二）、朱家溍（后左二）、许姬传（后左三）等合影

梅兰芳在《我的电影生活》一书中这样总结自己解放前的电影生涯："我当时只凭个人的志趣，利用一切可以利用的机会，不计报酬，不问成败，零零星星、断

断续续地拍了一些戏曲片和新闻片，目的是想多得到些实践的机会，以便逐步熟悉电影艺术的特点，并摸索如何运用电影的特点来更好地记录与表现戏曲艺术。但是，由于当时社会条件和技术条件的限制，一切都很难令人满意，然而从成败得失之中，多少也摸索到了一点经验。"

梅兰芳没有因为以上诸多遗憾，就对戏曲和电影的结合悲观失望，反而更加期待能在条件允许的情况下多拍摄戏曲片，"使更多的现众能欣赏到我国历史悠久、深为群众喜闻乐见的古典戏曲艺术；也希望通过戏曲电影来互相观摩学习，提高演技；同时给后辈提供些形象的、相当于教材的资料"。

新时代的春风给戏曲界和电影界带来了勃勃生机，也带来了精诚团结、一往无前的信念。《梅兰芳的舞台艺术》项目启动伊始，电影界甚至整个文艺界所有可以团结的力量都被动员起来了，各行各业的专家都以热情严谨的态度加入项目中。

1953 年初，电影局送来了拍摄《梅兰芳的舞台艺术》彩色戏曲片的具体方案。梅兰芳则利用赴上海演出的机会，邀请电影局的工作人员考察了他常演的十余个剧目。工作人员一边看戏，一边与梅兰芳研究哪些剧目更适合拍摄。在电影筹备期间，梅兰芳还担任第三届中国人民赴朝慰问团的副总团长，并在返京后接连带剧团到广州慰问中国人民解放军。然而在马不停蹄的演出活动中，拍摄的筹备与沟通并没有片刻消歇。

梅兰芳舞台艺术片海报

1954 年 7 月初，梅兰芳接到电影局寄来的《梅兰芳的舞台艺术》第四次修改的拍摄方案。影片由北京电影制片厂拍摄，吴祖光任导演，岑范任副导演，韩尚义任美工设计，胡若思绘景，吴蔚云任总摄影师，王德成、张沼滨摄影，王绍曾录音，又特请苏联摄影专家雅可夫列夫、录音专家戈尔登帮助拍摄。

梅兰芳十分重视这次舞台艺术片的拍摄。首先在布景方面，梅兰芳和韩尚义反复研究、商量，先是设想了几种戏曲绣幕兼用国画作背景，之后两人一同参观了上海美术家协会举办的皮影展览会，梅兰芳被一间陈列室整堵墙上所挂的一张军营帐篷的布景深深吸引，觉得它古朴形象。后来，拍摄《霸王别姬》时，便借鉴了这个布景。其次在人物服饰、形态方面，梅兰芳在上海文物管理委员会主任徐森玉和画家谢稚柳陪同下，和几位朋友看了"文管会"保存的部分古画，如画雪景轴、阎立本的《职贡图》，还有《宋人摹顾恺之〈洛神赋图〉卷》的照片；回北京后，梅兰芳又到故宫博物院看了顾恺之的真迹《洛神赋图》，这些观摩极大地丰富了他对洛神这一人物形象、服饰的想象和构思。

9月初，梅兰芳到北京电影制片厂和导演、美工以及美术界的张光宇、张正宇等同志谈戏曲片六出戏的布景问题。初步决定《抗金兵》照舞台演出处理，增加女兵人数；《霸王别姬》背景仿陕西皮影；《洛神》用电影手法；《贵妃醉酒》用国画通景手卷；《宇宙锋》用宫殿及家庭二景；《金山寺》用马远画水景的

《贵妃醉酒》剧照，梅兰芳饰杨玉环，孙盛武饰高力士

手卷[1]。这样细密而严谨的安排，在照顾到每一个剧目特点的同时，更是戏曲电影表现手段的一次可贵探索。

苏联摄影专家雅可夫列夫和录音专家戈尔登在检查了北京电影制片厂里的灯光设备后，当即与苏联有关方面联系，决定支援制片厂二十支灯，并建议把几出戏都做出模型，拍成五彩照片用来研究色彩及镜头运用。摄制组因为这个建议，请了捏面人专家"面人汤"老先生来。"面人汤"汤子博老先生初次来到制片厂便带来了捏好的梁红玉的戏像。这个大约五寸高的小面人——梁

---

1 最后在拍摄中，《抗金兵》因水战的武打场面不便处理，加上考虑到篇幅原因，只能删去。此外，电影筹备期间俞振飞正好从香港回来定居，梅兰芳请他合拍《断桥》，以替换《金山寺》。

红玉，当中一根竹签为柱，全用糯米粉捏成，扎靠、带翎子（用真孔雀毛做的）部位准确，工细生动。梅兰芳就这样拥有了一位栩栩如生的小"替身"。

到了具体拍摄环节，整个摄制组依旧是小心谨慎、步步为营，每一个环节都经过反复的推敲与试验。如在拍摄《宇宙锋》的时候，正式拍摄前会分别试拍一些彩色镜头和黑白镜头，黑白试片三分之二，彩色试片三分之一，其中彩色试片还要专门送到上海电影制片厂洗印。摄制组看了彩色和黑白试片都觉得满意之后，才会正式开拍彩色片。经过几次审慎的反复试拍和修改，终于完成《宇宙锋》彩色正片，还需要寄到莫斯科去洗印。

《宇宙锋》剧照，梅兰芳饰赵艳容

在国家的全力支持下，摄制组成员精诚合作，这种昂扬向上的精神面貌也感染了梅兰芳，他感慨道："我以前拍片都是私人集资搞的，捉襟见肘，困难重重；现在新社会电影成了全体人民的事业，由国家经营，调集物资人力，一切问题都能够顺利地解决。此外，苏联专家的帮助，他们热情积极、认真负责的工作态度，也令我非常感动。"

到 1955 年 12 月 2 日，筹备两年、拍摄近十个月的彩色戏曲电影《梅兰芳的舞台艺术》(上、下集) 全部完成。梅兰芳和其他艺术家、演员，同摄制组一道，以极大的热情，不顾疲劳，完成这部珍贵的舞台艺术片的拍摄。这实现了梅兰芳的理想——让祖国各地广大人民，甚至海外观众，都能欣赏到他的表演艺术，欣赏到中国的京剧艺术。

梅兰芳与俞振飞拍摄电影《游园惊梦》现场

　　这部戏曲电影不光是对梅兰芳舞台艺术的珍贵记录，在梅兰芳看来，也是对他的表演艺术的进一步锤炼："在十个月的拍摄工作期间，五出戏，平均每出戏拍摄两个月。每天扮上戏的时间差不多占八小时左右。作为一名演员，每天有八小时扮演一出戏的角色，且持续两个月之久，这是一个难得的机会。以《宇宙锋》《贵妃醉酒》《霸王别姬》三出戏为例，当拍过电影以后再演这三出戏，我就觉得和剧中角色的情感特别亲密。在演技方面也觉得像是又过了一层筛子，例如在舞台上，演员视线的焦点要有目的，视线焦点的转移线路要简单明确，到了电影近景镜头中，这种要求也就更严格。所以最近有观众在看过这三出戏的演出以后，告诉我说：这三出戏和以前又有所不同了。"这种如切如磋、如琢如磨的恳切，让这位有着五十年舞台生涯的演员对戏曲表演有了新的体悟。

《穆桂英挂帅》，梅兰芳饰穆桂英

五、花甲之年重挂帅

1959 年 3 月 19 日，梅兰芳加入了中国共产党。介绍人是中国戏曲研究院党委书记张庚和中国京剧院党委书记马少波。中国共产党诞生三十八周年之日，中国戏曲研究院党支部为梅兰芳举行了入党宣誓仪式。会议由院党委书记张庚主持，原文化部党委副书记王友唐参加了会议并讲了话。梅兰芳在党旗下庄严地宣誓。在这次宣誓会上，他激动地说："今天是中国共产党成立纪念日，又是我入党宣誓的日子，也是我一生最感到光荣的

梅兰芳宣誓加入中国共产党

日子……今后要做出对党有益的事情，凡是对党不利的事情就绝对不做，坚决地站在无产阶级立场，和资产阶级划清界限，这更是我首先应该做到的。因为我是一个从旧社会过来的人，尽管光荣地参加了党的组织，若立场不稳，就不配站在我们党的队伍里了。我是一个戏曲演员，过去演了几十年的戏，也曾排演和创作了不少新剧目。但解放后，没有排演过新戏，怕排了戏演不好，会把我在群众中的一点声誉一扫而光。这无疑是个人思想在作怪。我最近排演《穆桂英挂帅》的时候，把上面所说的错误思想克服了，用了一个月的时间，使它在舞台上和观众见了面……如果没有党的领导和编导、剧团同人以及文艺界朋友们的大力帮助，我想把这个戏搞好是不可能的。"

新党员在党教育下进步快

首都和上海上半年有大批优秀分子入党

《人民日报》所载梅兰芳加入中国共产党的新闻

同日，《人民日报》头版二条，发表了题为《新党员在党教育下进步快——首都和上海上半年有大批优秀分子入党》的专题报道。报道中提道："在新党员中

梅兰芳在党员会议上的照片

还有一些科学家、教授和演员。其中有科学院考古研究
所所长夏鼐和化学研究所副研究员陶宏、著名京剧演员
梅兰芳。"

《穆柯寨》剧照，梅兰芳饰穆桂英

7月上旬，毛泽东主席知道了梅兰芳入党的消息后非常重视，亲自打电话作了具体指示。这体现了毛主席对梅兰芳的关怀和爱护，也体现了党对待艺术家的政策精神。

正如梅兰芳在入党宣誓大会上所说的那样，为了纪念自己加入中国共产党的难忘日子，为了庆祝中华人民共和国成立十周年，梅兰芳排演了解放后第一出、也是他生命中的最后一出新戏——《穆桂英挂帅》。

十分巧合的是，梅兰芳第一次在上海唱大轴，演的就是《穆柯寨》中的青年穆桂英。1913 年，十九岁的梅兰芳随知名汪派老生王凤卿赴上海丹桂第一台演出，王凤卿挂头牌，梅兰芳挂二牌。梅兰芳由此一炮而

梅报万物春——梅兰芳与新中国

穆桂英挂帅

第二场

（解甲、辞甲四将领四龙套，八家院扮丫鬟四人，解甲、辞甲上）

穆桂英上

（白）待亲启奏，辞甲、辞甲泽田二人春

（唱）叹君王屡贤庄亲近奸佞，

淮不说杨家将、国之干城，

解锁甲、纳兵符、一旦身轻，

奉高堂、教子女、平庸度此生，
……（闹恶梦）

（白）孙媳参见太君！（平身）啊老爷！/不知差何急前
事么！（旋转念）咦！/（轻叹息）/啊有这等
化！/嗯……休得须疑。咨禀太君，凉梁是非
之地，依孙媳看来，他姐弟还是不去的好，/太

《穆桂英挂帅》剧本手稿

82

红，风头几乎压过彼时在上海经营已久的名旦贾璧云和冯春航，挂头牌的王凤卿不仅毫无芥蒂，还乐于成人之美，主动找丹桂第一台老板许少卿商议，让梅兰芳唱一次大轴。梅兰芳很重视这次难得的机会，恰巧当时的几位"参谋"冯幼伟、李释戡、舒石父、许伯明都在上海，大家凑在一起讨论，认为若以唱工戏压台，效果肯定不如唱做兼重的刀马旦戏那样生动受看。于是请来教过梅兰芳武工的茹莱卿，用几天时间帮梅兰芳排出了《穆柯寨》。这出戏虽属于临时"钻锅"，自然有其粗糙和生疏之处，但它完全将梅兰芳允文允武、唱做兼备的特质发挥了出来，使得他超迈当时的传统青衣和刀马旦，站在了京剧时代趋向的潮头。这次赴沪演出也可以说是他日后蜚声南北的起点。

梅兰芳排练《穆桂英挂帅》，右二为李和曾，
右一为导演郑亦秋

《穆柯寨》后来成为梅兰芳的代表剧目之一。梅兰芳在京剧舞台上努力刻画这个天真、善良、聪明、勇敢的巾帼英雄。早年他把《穆柯寨》和《枪挑穆天王》分两天演出；后来，感到这两个戏的剧情密不可分，乃压缩在一天演完，全剧更精练、紧凑。但中年以后，梅兰芳便极少露演此剧，因为身体负荷实在太大。齐崧在《谈梅兰芳》一书中回忆："梅老板的《穆柯寨》连带《枪挑穆天王》，笔者虽然只看过一次，但是这一次就使我毕生难忘。论扮相，真个是艳若桃李，冷若冰霜。论武工，真个是炉火纯青，严谨火炽。论京白，真个是香甜酥脆，字斟句琢。论唱工是醇醇大方，清脆动听。真可谓四美俱，二难并，千古一人，无能出其右者。那次是在上海天蟾舞台露演，只演一次即挂起来了。背地里曾当面问过梅老板，何以单独这出戏，不再重贴。据称那夜演毕之后，身体疲乏异常。身上汗湿衣襟，有如冒雨归来一般。本拟注射强心剂，医生嘱告即时休息，不要再做任何动作，一小时后，始渐渐落汗。身体吃亏不小，所以只好挂起不再演了。"

时隔多年，穆桂英这个角色，此刻又借着一种奇妙的机缘，再次照耀了梅兰芳的舞台生涯。

1953 年，梅兰芳在上海看了豫剧演员马金凤主演的《穆桂英挂帅》。马金凤怀抱令旗、点将出征之际，借助几大段令人荡气回肠的演唱，把年届花甲之龄的穆桂英沉郁豪迈、忠心耿耿保卫家国的苍凉气概宣泄得淋漓尽致。坐在台下的观众无不动容。梅兰芳将马金凤的《穆桂英挂帅》看了四遍。最后一场演过，梅兰芳特意请马金凤到上海马斯南路的家中叙谈。梅兰芳告诉马金

梅兰芳演《穆桂英挂帅》，"出征"一场舞台照

凤："我很喜欢穆桂英这个角色……但我没有演过老穆桂英。这次看了您的四场'挂帅'，真正感到豫剧是一个有发展的剧种，蕴藏着许多我所要学习的东西。"两人谈了许多穆桂英在京剧、豫剧中的剧目、表演特点、服饰、化妆等问题，谈得十分投机。

这出戏里的穆桂英年过半百，正适合梅兰芳扮演；而这出戏积极的思想意义，也极符合昂扬的时代精神。对梅兰芳来说，穆桂英那种不计个人恩怨、为国为民勇挑重担的责任感，以及那种老当益壮努力振奋的精神与自己的心态也极为合拍。

梅兰芳在抗战期间息演八年。从抗战胜利后再度登台，一直到 1959 年，梅兰芳的大部分时间重点安排在各地演出和整理剧目方面，尤其是解放后经常去各省市做巡回演出，足迹遍布十七个省，演出任务十分繁重，更没有时间排演新戏。在确定 1959 年国庆十周年献礼节目时，梅兰芳选定了《穆桂英挂帅》，是他解放后所排的第一出新戏。中国京剧院请陆静岩、袁韵宜创作京剧版剧本，并确定郑亦秋任导演。剧本写佘太君归隐乡里后，闻西夏侵宋，命曾孙杨文广、曾孙女杨金花赴汴京探听。兵部尚书王强欲荐其子王伦为帅，寇准保荐杨家将，王不允，乃定校场比武。王伦连胜几人，杨文广兄妹不服闯入校场，不几回合杨文广刀劈王伦。宋王听说是杨家后代，令请穆桂英挂帅。穆桂英见子女捧印回家，想起宋王刻薄寡恩，怒责文广，不愿出征；经过佘太君相劝和激励，穆桂英为抵御外侮，慷慨誓师，挂帅出征。

1959 年 5 月 25 日，《穆桂英挂帅》在北京人民剧场进行首场演出，演员阵容很整齐，梅兰芳演穆桂英，李少春演寇准，李和曾演杨宗保，袁世海演王强，李金泉演佘太君，青年演员夏永泉演杨文广，杨秋玲演杨金花。一连几场，场场爆满，热烈的反响从四面八方汇集而来。

首演之后的第二天，著名京剧评论家景孤血在《一个人演满台》一文中动情地描述道："无怪当他把那黄布包装着的印盒从掌心上高高擎起的时候，台下已是再一阵地掌声如雷了。这一场戏，假如说梅兰芳是一只凤，他就像给空台上布满了彩云；假如说梅兰芳是一条龙，他就像给空台上漭满了海水。而实际上台却还是空台，只凭他那飒飒泱泱的演技，不但是充满了台，而且还使满台欲动。"

各国贵宾观看梅兰芳等演出的《穆桂英挂帅》，并在演出
结束后上台和演员们合影

著名京剧演员"筱翠花"于连泉在观摩过《穆桂英挂帅》后，在《文汇报》上撰文谈论这出戏的分量："这一出戏是很难演的，要有扮相、有嗓子、有基本功夫，还要有元帅的气度，起先要含蓄，之后要放开，而且还不能离开青衣的范围，要演得既稳重又大气，才合乎中年穆桂英的身份。梅先生的艺术已到炉火纯青的地步，六十多岁的人了，依旧嗓子是嗓子，扮相是扮相，腰腿灵活，身上、脸上，一招一式，坦坦然然，水袖清清楚楚，跑起圆场来，脚底下轻、稳、快，叫人看了舒服松心，确实是难能可贵的。"

这出戏也受到了周恩来总理的称赞。看过戏后，周总理握着梅兰芳的手说："这个戏很好，看得出是你舞台生活四十年的集中表现，也是你老年的代表作。"

这出戏的成功，除开剧团成员细致入微不厌其烦地打磨之外，不得不归功于剧本精神与梅兰芳艺术历程的高度共鸣。正如梅兰芳梅葆琛所讲的："尤其是唱到'二十年抛甲胄未临战阵'时，我的感情发生了很大的变化。此刻，我不禁想起了八年抗战后又重登舞台时，对自己的嗓子、扮相、身段等各方面会出现的问题，心里产生了矛盾。这不是与穆桂英二十年后又重整旗鼓、挂帅出征时的心理矛盾是相同的吗？所以在'捧印'时，已忘却了自己是在舞台上，我的感情已经升华到生活中去，演出也就较为真实和成功了，当时我也像穆桂英一样，'抖擞老精神，重新挂帅上阵'。"这出戏和这段经历，都成了梅兰芳留给我们的宝贵财富。

梅兰芳率中国京剧代表团访问日本，与副团长欧阳予倩（前排左二）等抵达东京羽田机场时留影

六、东瀛再传一段香

　　1956年，应朝日新闻社等社会团体的邀请，为了恢复和发展中国人民同日本人民的友好睦邻关系，中国决定派一个较大规模的京剧艺术团去日本访问演出。梅兰芳任中国访日京剧代表团总团长，欧阳予倩任副总团长，副团长有马少波、孙平化等，主要演员有李少春、姜妙香、李和曾、袁世海、梅葆玖、梅葆玥、侯玉兰、江新蓉、孙盛武、谷春章等，乐队有王少卿、白登云、姜凤山等，代表团共八十六人。梅兰芳这次访问日本，是继他1919年、1924年两次访日后的第三次带戏访日，也是历次出国演出中演员阵容最整齐、规模最大的一次。临行前，周总理在中南海紫光阁接见了代表团的全体成员，并指出这次出访的重要意义："你们是文化使节，是友好先锋，你们此行不仅为了我国人民的最高利益，也为了日本人民的最高利益，这就是最符合两国人民利益的艺术和平事业。日本人民是诅咒战争、盼望和平的，你们此去一定会受到欢迎，你们的演出，一定会取得成功。"

1956年5月26日，中国访日京剧代表团从香港乘飞机赴日本，当天下午到达东京羽田机场。梅兰芳在《东游记》中回忆到："我第一次到日本是从北京坐火车由陆路去的，第二次是从上海坐船航海去的，这一次

《东游记》封面

参加中国访日京剧代表团是绕道香港坐飞机从空路去的,三次看到的景象都不相同,这次更不一样。"

风景已然变幻,故人亦已寥落。抵达东京的第二天,京剧史家波多野乾一便登门拜访,他是个地道的老北京,也是个内行的戏迷,谈起杨小楼、龚云甫、郝

梅兰芳在机场受到日中文化交流协会会长片山哲（右）的欢迎

寿臣等老伶工当年的表演，依然是眉飞色舞，津津乐道。梅兰芳第一、二次赴日演戏之时，波多野乾一都曾为之周旋引介，出力良多。梅兰芳此行特地带了一本粘贴着前两次东游的图片、文件的资料，波多野先生指着照片上的故人，一个个地解说近况，在世的却已寥落晨星。几天后，梅兰芳一行应邀到早稻田大学的演剧博物馆参观，在一间陈列着许多日本名演员的照片和画像的展室内，梅兰芳流连忘返，久久不肯离去。中村歌右卫门、尾上梅幸、守田勘弥、菊五郎、河合武雄、中村雀右卫门……梅兰芳当年两度访日演出时，曾得到这些老朋友的热情帮助。他们中有的对中国艺术做过详尽的介绍，有的与梅兰芳同台演过戏，有的在艺术上曾给予梅兰芳以无私的提示。梅兰芳默默地注视着一张张熟悉的面孔，对这些已逝的灵魂，寄予了深深的哀悼。

1956 年 5 月 30 日，中国京剧代表团在日本东京演出开幕式上

　　那么多对于中国文化抱有热爱，对中日交流抱有期待的日本人，没有熬过这场漫长的战争。然而存者更应继承逝者的遗志，用各自民族文化中最精粹的部分，去唤起两国人民对和平美好生活的爱。

5月30日晚，京剧代表团在东京歌舞伎座首次演出。演出前，剧团成员还普遍对日本观众能否接受中国古典戏剧抱有疑虑。但在演出过程中，热情的日本观众跨越语言的隔阂，用恰到好处的掌声、喝彩声与台上的演员们达成了一种东方式的舞台共鸣："他们虽然不懂中国话，但对剧情和京剧特有的上马、开门、过桥、登楼的虚拟动作，大部分是能够理解的。如对《将相和》里面廉颇向蔺相如负荆请罪的一场；《拾玉镯》的做活、哄鸡；《三岔口》的摸黑（开打）；《贵妃醉酒》的过桥、看雁、闻花、衔杯等身段都有强烈的反映。"剧团在东京的戏票早已抢购一空，每张票的票价为一千八百日元，转让票价达一万日元。

6月2日，三笠宫亲王和王妃看了中国访日京剧代表团演出的《空城计》《秋江》《猎虎记》《霸王别姬》

四出戏，三笠宫看完戏向梅兰芳祝贺演出成功，并说："看了贵国杰出艺术家的演出，很使我高兴，你们的表演和服装都很美，你们的艺术是古典的而又是有青春气息的，使我非常佩服。"

京剧团的魔力不仅仅停留在剧场上，梅兰芳临走那一天，有位通讯社的日本朋友对他讲："这几天东京有电视机设备的大旅馆、饭厅等公共场所和许多家庭，都变成了小歌舞伎座；据不完全统计，仅6月1日晚上在电视机前看京剧的观众就不下三百万人（约比平常看电视的多两倍）；有些澡堂、饮食店一向是座上客常满的地方，在京剧上演时，突然显出清静冷落的景象；听说品川区（贫民区）荏原町有一家喜乐食堂设有电视机，每次放映京剧时都挤满了一屋子工人和普通市民。"

梅兰芳与欧阳予倩访问松尾国三先生

　　6月6日晚，中国访日京剧代表团从东京出发，前往福冈。途中，他们路过了广岛车站。在站台上，一群原子弹受害者冒雨前来欢迎京剧代表团。梅兰芳向这些手捧鲜花、拥到身边的残疾人表示了亲切的慰问。他们的脸上、手上大多带着累累的疤痕，有的人甚至五官都被挪动了位置。一位受难者对梅兰芳说："您看见我们的伤痛觉得难受，但我们还能出来见人，有些缺腿、断臂、双目失明的只能躺在床上，行动需人照顾，那更惨了！"梅兰芳呆呆地看着他们身上的伤疤，实在想不出什么适当的话来安慰他们。临别时，他们送给代表团成员几种刊物。火车开出去好远后，还能听见他们唱着《东京—北京》的歌声。梅兰芳和欧阳予倩谈起刚刚在火车站上看到的触目惊心的景象，希望能通过唱义务戏筹款的方式给他们的生活提供帮助。在得到了剧团成员的同意后，便向朝日新闻社提出了这个计划，最后双方议定：等到全部演出结束之后，在东京义演两场，将募得之款全数赠送给原子弹受难者及战争中的孤儿。

中村雀右卫门夫人赠送给梅兰芳三世中村雀右卫门扮
《本朝二十四孝》八重恒姬的戏装造像

　　7月12日，中国访日京剧代表团与朝日新闻社联合
举办了救济日本广岛原子弹受难者及战争中的孤儿的义
演。两场的观众共约一万一千多人，有座位的九千人，
还有两千多人是站着看的。日本友人告诉梅兰芳，那天
"黑票"的最高价是一万五千元（涨幅约十倍）一张。

日本歌舞伎演员市川猿之助主办欢迎会，欢迎代表团成员

日本观众对京剧、对梅兰芳表演艺术的这份热爱，不禁让人回想起梅兰芳过去与日本观众的机缘，都因为时局等因素而留下诸多遗憾。梅兰芳1919年初次赴日时，正逢五四运动爆发，致使留日学生的怒火集中到了他一个普通伶人身上。梅兰芳1924年第二次赴日，是应大仓喜八郎之邀，为重建后的帝国剧场开幕做的商业演出，剧团组织和剧目选择上都有诸多限制，未能尽如人意。而这一次，梅兰芳带着新中国的蓬勃朝气与对和平生活的美好期望来到日本，让中日两国的传统艺术能够尽情交流，取长补短；用艺术的力量传递友谊，守护来之不易的和平。

梅兰芳返乡演出后接受小朋友献花

七、返乡寻根纪前尘

1956 年春天，梅兰芳刚结束了在南京的演出，正在打点行装，准备回北京去。他突然接到了一封从泰州寄来的信件。这封泰州来信一下子将他带回了十四岁时的那个除夕夜。梅兰芳出身于梨园世家，祖父梅巧玲是"同光十三绝"之一，曾任四喜班班主。梅兰芳之父梅竹芬子承父业，可惜二十六岁就英年早逝。父亲去世时梅兰芳才四岁，十二岁时母亲又去世。因此，梅兰芳

梅兰芳返乡访问演出纪念

并没有见过自己的祖父，对自己的父亲也只有依稀的印象。梅兰芳十四岁那年的除夕，照例要等祭完祖才吃年饭。他看见供桌当中供着梅氏祖先的牌位，旁边又供一个姓江的小牌位，一下子便好奇起来。梅兰芳问祖母：

"为什么姓梅的要祭姓江的？"待守岁之后，老祖母脸上带着微笑，拉着梅兰芳的手，让其坐到床前对他说："你也一年比一年大起来了，家里的事，你都不大清楚，趁着我还硬朗，讲点给你听听。你曾祖父在泰州城里开了个铺子，仿佛是卖木头雕的各种人物和佛像的，你祖父八岁时就卖给苏州江家做义子。江老头儿没有儿子，起初待你祖父很好，后来娶了继室，也生了儿子，就把你祖父当作眼中钉了。"随后，祖母叹了一口气接着说："你祖父的运气真坏，他十一岁就被辗转卖给福盛班做徒弟。从他满师出来，自立门户以后，马上就派人去家乡，接你曾祖父北来同住，谁知道他离家太久了，中间还经过了长期战事，泰州城里已经全变了样。老家不晓得搬到哪里去了，所以你祖父到死也没有找着他的父母和两个弟弟。"梅兰芳听了祖母的一番话，才知道家中为什么要立两个牌位。从此,梅兰芳便开始记挂起泰州这个未曾谋面的遥远故乡。

梅兰芳的几个子女,除了最小的梅葆玖出生在上海外,都是在北京长大的,所以也一直都以地道的北京人自居。一次偶然的机会,梅兰芳的长子梅保琛同父亲谈到梅家籍贯,梅兰芳不无遗憾地说道:"虽然在老家还没有找到我们的本家亲属,但是我们祖先是泰州人,这是无疑的。将来如有机会,我要亲自去家乡寻访的。"从那时起,梅家的几位子女在学校填学生表格时,在籍贯一栏中都会写上江苏省泰州县。

1956年春天,却有一封来自家乡的信找到了梅兰芳。写信的人是梅秀冬先生。在信中,他说自己是梅兰芳的本家大哥，并希望梅兰芳能借在南京演出的机会到家乡泰州来认亲。这封信来得恰是时候，梅兰芳真是喜出望外。难道说几十年来祖辈与家乡泰州断了的线，今天又要重新连接上吗？

在与大家商量之后，梅兰芳决定于 3 月 7 日至 14 日率领剧团返回故乡泰州，共八天时间，日程安排是认亲、访问和演出。当梅兰芳夫妇和儿子梅葆玖乘坐的汽车缓缓驶入泰州市区时，闻讯而来的父老乡亲从四面八方涌向街头，站在道路两旁，夹道欢迎梅兰芳这位衣锦荣归的游子，争先恐后一睹他的真容。激动万分的梅兰芳望着一路上前来欢迎自己的乡亲们，连声嘱咐司机将车开得慢一点，再慢一点。他自己则情不自禁地将身子探出车窗外，频频地向大家招手致意。随着汽车从杨桥口，经彩衣街、坡子街向税务桥缓行，梅兰芳的眼睛逐渐湿润了："我是一个人民的演员，过去从来没有为故乡的建设出过力，而今天却受到如此盛情的欢迎，心里确实是万分的感动，深感受之有愧。"汽车终于在税务桥停了下来。梅兰芳一下车，早就等候在那里的泰州市各级领导便迎了上来。家乡的人民代表随即献上了鲜花，前来欢迎的一些文艺团体的代表也拥了上来。当工作人员将有关梅氏宗谱的调查报告交到梅兰芳手里时，他激动地说："感谢你们帮我厘清了家谱，找到了祖先，实现了我多年的愿望。"在熙熙攘攘的人群中，经人指点，梅兰芳看到了他的本家大哥梅秀冬。梅兰芳快步上前，双手紧紧地握住了他的手，激动地对他说："大哥，今天我终于回到家乡来了，看望您们来了。"梅秀冬望着眼前的梅兰芳，也激动得久久说

人民剧场门口的群众

泰州人民欢迎梅兰芳
返乡演出

不出话来。此情此景，使前来欢迎的人们无不为之感慨万分。梅兰芳一家被安排在乔园招待所内的一间房子里休息，梅秀冬也陪伴在旁唠着家常。梅兰芳回忆着祖父梅巧玲离家后祖孙四代的经历和变化，回忆着自己多少年的向往和心愿，不由得对梅秀冬大哥充满了亲情。他对梅秀冬提起了在南京时接到的那封信："看到您的来信，才促使我回家乡来了。"梅秀冬老人的性格似乎有些内向。他话语不多，眉宇间流露出一丝疲倦的神色。梅兰芳觉察到后，连忙对他说："您先回家休息去吧。明天我们再到府上看望您和大嫂，还有全家。"第二天，精力充沛的梅兰芳携带着夫人和儿子，兴致勃勃地来到了陈家桥的梅宅。进得大门，就看见梅秀冬老人全家都在等候着他们的到来。在梅秀冬的介绍下，梅兰芳一行与他们一一握手问好。然后，梅秀冬请梅兰芳翻阅了《梅氏家谱》，并点燃了三支香，一起向祖先牌位行了祭祖礼。接下来，梅秀冬老人向梅兰芳讲述了自己写信给他的原因。

　　原来，梅秀冬老人也一直不知道举世闻名的梅兰芳就是自己的本家亲戚。1956年初，有一位泰州市文教科的陈科长到家里来，说梅秀冬是本乡人，知道的情况比较多，要他好好回忆一下有关梅兰芳祖上居住在泰州的情况，并先后来家里三次，帮助查找《梅氏家谱》。后来，《梅氏家谱》中一个"梅天才"的名字引起了他的注意。这位梅天才的职业是佛像木雕手艺人，在他的名字旁边，还写有"喜丁名巧玲"的字样，喜丁指尚未出生的后代。根据这点推断，巧玲正是梅巧玲。而梅天才，也就是梅兰芳的曾祖父了。为了慎重起见，有关人士还组织召开了有关梅氏家族的会议，陈科长和泰州市政协的同志也参加了。在附近一带的鲍家坝、蒋家庄、老龙河、梅花地等郊区的乡亲代表们的讨论、回忆、核实下，最后终于得出了结论：梅秀冬确是梅兰芳的本家直系亲属，其余的人也都是远房的本家。梅兰芳听到这里，心里真是高兴极了。有实可证，有据可查，这门亲是认定了。梅兰芳感谢泰州人民为他找到了归根之本。

接着，梅兰芳在大哥家吃了一顿家常饭。桌面上摆满了许许多多家乡的新鲜菜肴。全家人济济一堂，围坐在桌边，无拘无束地拉着家常。

当天晚上八点，泰州市各界人士近两千人在泰州人民剧场举行了"欢迎梅兰芳先生返乡访问大会"。会上，市委书记兼政协主席宗宇致欢迎词，梅兰芳致答词。在答词中，他说："返乡是我多少年来的一个愿望，今天居然达到了我的目的。怎能叫我不高兴呢？在这次回来之前，南京市陈副市长对我说，泰州是老解放区，在抗日战争和解放战争中，泰州人民进行了英勇艰苦的斗争，立下了汗马功劳。我听了这些话，感到非常光荣和骄傲，因为我是泰州人。"听到这里，参加会议的代表们报之以阵阵热烈的掌声。

第三天，在梅秀冬的陪同下，梅兰芳携妻带子，来到了鲍家坝梅家祖坟，敬献了花圈，行祭祖扫墓之礼。然后，他来到鲍家坝农业社，向当地的农民兄弟问好，参观了农田作物，并到他们的家里做客。

当天晚上，梅兰芳开始了他在家乡人民剧场的演出。为了报答故乡人民的深情厚谊，梅兰芳拿出了自己的梅派名剧《贵妃醉酒》《奇双会》《宇宙锋》《凤还巢》《霸王别姬》。人民剧场有一千多个座位，场场座无虚席，盛况空前，剧场门外搭起华丽的彩门，高挂宫灯，引人注目。除泰州外，江都、扬州、兴化、高邮、泰兴、泰县等地观众亦前来购票。有的人为买到一张票头天晚上就排队。泰州城北有位老太太想看梅兰芳的戏，曾两次专程去上海购戏票，因未买到戏票失望而归。这次梅兰芳在泰州演出，老太太终于买到一张戏票，高兴地对邻居说："这回可好了，梅老板把戏送到家门口了，在我有生之年还能看到梅先生的演出，死了也闭眼了！梅先生要不是泰州人，恐怕我这辈子也看不到他的戏啊！"更多的观众购不到戏票，泰州市广播站就在市中心装上了高音喇叭，进行实况转播。每场都有许多观众兴致勃勃地在街头收听，感到非常过瘾。

梅兰芳、福芝芳、梅秀冬、梅葆玖在梅氏祖先
坟前献花圈

在泰州，梅兰芳祭扫了革命烈士祠，游览了泰山公园、岳王庙，并为公园画了一幅水墨梅花。梅兰芳还特意品尝了泰州土产大炉烧饼，品尝了功德林素食馆厨师做的素菜，连声称赞家乡的菜好吃，家乡的厨师手艺高。

为时八天的本家认亲、参观访问、祭祖扫墓和演出活动圆满结束了。梅兰芳恋恋不舍地告别了梅秀冬大哥，告别了这片祖先们生活过的土地，乘车返京了。后来梅兰芳多次回忆起在家乡认亲时的种种情景，并语重心长地告诫孩子们："初次返乡的时间真是太短了，但总算有一个开端，我以后有时间，还会带着你们第二次、第三次去故乡的。你们也不要忘了老家啊！"

梅兰芳返乡演出盛况

　　不幸的是，1961年8月8日，梅兰芳先生因心脏病突然恶变，在北京阜外医院与世长辞了。再次返乡的夙愿未能实现，但梅先生的光辉形象、高尚情操、精湛的技艺，和那和蔼可亲的音容笑貌，已永远留在家乡人民的心中。

梅兰芳为学员讲课做示范

八、梅馨一脉处处开

　　1951年4月，梅兰芳被任命为中国戏曲研究院院长，1952年2月担任北京艺培戏曲学校董事长（1953年由政府接办后更名为北京市戏曲学校），1955年1月担任中国京剧院院长，1957年7月担任中国戏曲学院院长。院长、团长这些职务对他来说是一份实打实的职责，无论对于戏校的学生还是剧团的青年演员，甚至是素未谋面的同行，凡有请益之处，梅兰芳都是有求必应，倾囊相授。这一颗拳拳为公之心，源于他对戏曲艺术博大而深切的爱。

创办戏校、培养戏曲人才，一直是梅兰芳心中记挂之事。早在 1919 年梅兰芳赴日演出载誉归来之时，他便立下创办戏校、建立剧场、编演新戏三个宏愿，然而只有编演新戏一项进行得较为顺利，其余计划均因演出任务繁重，剧团开支巨大，加之筹备出洋等诸多限制而未克实施。

访美载誉归来之后，梅兰芳决心组织热心京剧的同人，对京剧进行系统的整理、深入的研究。经过一番筹划和准备，1931 年 5 月，以梅兰芳为会长，余叔岩、齐如山为副会长的北平国剧学会正式宣布成立。北平国剧学会还发起了一所教习京戏的国剧传习所，这是介于传统戏

1951 年 4 月中国戏曲研究院成立时合影，
梅兰芳任院长（前左九）

班和后起的票房之间的一种组织。所招学员的标准，都必须是会一两出戏的，而且必须在十六七岁以上，已过了倒嗓的年龄。那年共招收了七十五名学员。5 月 12 日，梅兰芳在国剧传习所新学员开学典礼上讲话。他强调："我认为戏剧要接近人民，接近大众，研究艺术是从事人类精神生产的生活，所以要站在时代前面一点一点地做下

1955 年 1 月 10 日中国京剧院成立大会合影

去。"尽管国剧传习所并不是一个培养专业演员的机构，但依然培育出刘仲秋、郭建英、高维廉等优秀演员。

多年后，刘仲秋关于梅兰芳对国剧传习所尽职尽责的态度依然记忆犹新："在我的记忆里，至今很深

地保留着梅先生对事业非常热心负责的印象。他当时
的演出任务是非常繁重的，但是每周一次在传习所担
任的课程却总是按时上课，从不耽误。这些学员们虽
然都是些票友、大学生，但大都没什么基础，教起来
自然非常吃力。而梅先生却是这样耐心，不厌其烦，

常常一堂课上完，总是满身大汗，衬衫湿透。谁都能感觉得到，梅先生教一堂课要比演一场戏累得多……国剧传习所办了一年多的时间，梅先生全家就迁居到上海去了。梅先生一走，传习所就面临着瓦解的危险，尤其在经济上无人支持。虽然在国剧学会成立的时候，有许多有钱的理事曾经表示过热烈的赞助意愿，但一到我们真正需要帮助的时候，便再也没有一个人肯拿出一个钱来了。后来我们只得写信给梅先生，马上就收到了他的回信。他在信上说明必须去上海的原因，也说了不能再把传习所办下去的理由，同时对我们说了许多热情鼓励的话，还随信汇了一笔为数不少的经费。在他的支持下，我们租下了厂甸大楼，把国剧传习所继续维持了一年多的时间。"

梅兰芳任中国戏曲学院
院长的任命书

毛主席为新成立的中国戏曲研
究院（梅兰芳任首任院长）
题词：百花齐放，推陈出新

抗日战争爆发后，国剧传习所当初的学员刘仲秋、
郭建英到西安与任桂林、封至模等人一起创办夏声剧
社及夏声戏剧学校。剧校在抗战期间已是艰难维持，
不想全面内战爆发后，形势愈加艰苦，学校前途茫茫，

面临解散的危险。与此同时，剧校大多数学生都还没有达到毕业的水平，还有不少是无家可归的人。万般无奈之下，1947年刘仲秋赴上海向梅兰芳求助。梅兰芳热情接待了他，并谈道："叶先生(春善)、萧先生(长华)的'富连成'，尚先生（小云）的'荣春社'都垮了。现在学校也好，科班也好，全国就只剩下'夏声'一个了。你现在要是把它解散了，想再成立一个可就一点希望也没有了。你把它给拉到上海来吧，来了咱们再想办法吧！"夏声剧校搬到上海后，梅兰芳立即开始着手解决剧校的校舍和经费问题。那时正是夏天最热的时候，梅兰芳跟着刘仲秋等人在炎天暑热中四处奔走，拜客求助。他担任了校务委员会的主任委员，把他的私章也交给学校，印捐册、举行招待会、请客，都用他的名义。时值内战，上海的经济形势异常混乱，因而梅兰芳也更加关切这些苦难中挣扎的京剧幼苗。夏声剧校就这样在梅兰芳等人的支持和援助下维持到了全国解放。全校师生一部分参加了解放军三野文工三团，另一部分骨干力量参加了上海市京剧院和上海戏曲学校。

中华人民共和国成立后，梅兰芳承担了更多的演出任务和行政职责。在百忙之中，他不但对青年演员的请益有求必应，还时常主动关心和教导学生。梅派传人杜近芳在《梅兰芳先生教我演虞姬》一文中回忆道："后来，我参加了中国戏曲研究院实验第一团，梅先生是我们的院长。在党和人民的培养下，以及梅先生的提携下，我的舞台生涯揭开了新的一页。梅先生对我可谓费尽了心思，给我说戏、定台步、分析人物，手把手地

梅兰芳与表演艺术研究班师生一起探讨表演艺术（后排左起：陈伯华、常香玉、俞振飞、马师曾；前排左起：徐凌云、梅兰芳、红线女、袁雪芬、萧晴）

教，对我是有问必答，很不一般。致使我的师姐、梅派传人言慧珠对先生很'不满'，她说，我们都是'追'先生，而对近芳，则反过来，先生'追'学生。梅先生解释说，你们已经学有所成，有了一定的名气了，近芳还小，是个学生，她已经参加了国家剧院，因此更需要我多给她说说。"

梅兰芳曾对梅保琛说过自己对学生的期望："我既然收了这么多的徒弟，绝不能只图个虚名，而要真正把我艺术上的点滴经验授传给他们，哪怕在一个身段、一句唱腔上，也绝不能马虎行事；我要把对人物的神志、身段的要领、唱腔的运气和我塑造的舞台人物的经验等，用来帮助和启示学生，使他们正确地运用和创造戏曲表演程式，并使他们所掌握的艺术在各方面都能发挥自如，真正做到'青出于蓝而胜于蓝'，这是我最大的愿望。"梅兰芳是这样说，也是这样做的。平时在指导徒弟时，如发现有一点不足之处，他总是严格要求重复

梅兰芳与天津戏校学生

练习数次，甚至数十次，直到满意为止。他经常对学生们说："演技是无止境的，内行有句俗语，叫'师父领进门，修行在自身'，这就是说想要在艺术上获得成就，必须要有自身奋发图强和苦学的精神。我是这样要求自己的，现在也是这样要求你们。"

更值得一提的是，梅兰芳曾不止一次地对梅保琛说过："在培养弟子时，我不但重视表演艺术，更重视对他们的为人和生活细节给予提醒和指点。在平时，从我做起，既教戏又教人，使他们在各自的艺术团体里成为德才兼备的演员。"

梅兰芳的教导不仅仅止于表演艺术本身，更直指一个演员的立身处世之本。陈正薇在《慈父·严师》

梅兰芳教子葆琛操琴

一文中谈到，她1948年拜梅兰芳为师，在参加了周信芳率领的华东实验京剧团之后，曾有一次因为《长坂坡》中的糜夫人一角分量不够而不愿扮演，梅兰芳知道后便告诫她："正薇呀，你千万不能掉进只重个人的圈子里去呀，一出戏中只有小演员，没有小角色，不管什么角色都要认真演好，不能挑三拣四。想当年王大爷（王瑶卿）和我都扮演过这个活儿，何况在'中箭'一场中的'屁股坐'和'脱帔'等动作，学得不到家，台上还要出毛病呢！你不想演，我还担心你演不好呢！新中国的青年演员要珍惜自己的工作呀！"陈正薇在聆听了老师的这番教诲后深感惭愧。梅兰芳转而又宽厚地对她说："明白了就好，明天就去参加排练，一定要演好这一角色。"

梅兰芳（中坐）在第二届全国戏曲演员讲习会与部分演员合影。第二排：陈伯华（左二）、张庚（左四）、罗合如（左六）

　　梅兰芳是京昆表演艺术家，然而他对分布在全国各省的地方戏曲的意义，有着非常深刻的认识。他非常希望各个剧种能在保留各自特色的基础上，取长补短，互相借鉴和学习。1955—1957 年，原文化部委托梅兰芳担任院长的中国戏曲研究院连续举办了三届戏曲演员讲习会，先后有来自全国各个剧种的一千二百余名演职人员受到了培训，收效显著。他们在各地各剧种中，无不发挥了推动艺术革新的骨干作用。1960 年，中国戏曲学院办了一个戏曲表演艺术研究班，由梅兰芳担任班主任，梅兰芳、荀慧生、俞振飞、姜妙香、萧长华、马师曾等担任业务教师，研究员有陈伯华、袁雪芬、童芷苓、红线女、常香玉、陈书舫、言慧珠等人，更是盛极一时。

桂剧演员尹羲 1956 年参加了中国戏曲研究院举办的演员讲习会，梅兰芳担任他们的班主任。梅兰芳身上的虚怀若谷让尹羲记忆犹新："他对同辈的艺术家总是那么推崇备至，多次嘱咐我们要好好跟程砚秋先生学水

梅兰芳指导弟子陈伯华（汉剧演员）表演手势

袖，好好跟川剧的阳友鹤先生学扇子。当然，他也要我们学习这些先生们的许多其他长处。他总是有一种诲人不倦的精神，有时候我和一些同学星期天到他家里去玩，说着说着又说到艺术上去了。譬如说到手指，他就和我们讲旦角手指的运用，同是兰花指，花衫要含苞待放，柔嫩一些，青衣则可以稳重些，放开些；当然，也不要机械地用，还要看不同的人物。这些虽然不是整套经验的介绍，而是聊天时谈到的，但对我们的启发仍然很大。"

如今梅派传人分散在全国各地戏曲事业的岗位上，为振兴戏曲艺术发挥着举足轻重的作用，而且有不少已成为有名望的京剧表演艺术家，如张君秋在梅派艺术的基础上创造出风格独特的张派，深受广大观众的欢迎，在国内外享有很高的声誉；也有不少的梅派传人在戏曲教育事业中为培养下一代青年演员付出辛勤的劳动，使梅派艺术得以发扬光大。

梅兰芳灵车从北京首都剧场徐徐驶出

九、梅花开尽笛声远

　　香山是北京西部名胜古迹之一，那里风景秀丽，到了秋天满山红叶，更吸引着游人前去观赏。梅兰芳在青年时代就喜爱香山，经常约上几位好友前去游览，有时还游而忘返，便在那里的"雨香馆别墅"小住几天。

梅兰芳每次去香山，必到碧云寺去瞻仰孙中山先生的衣冠冢。他站在高处向四周观望，顿觉心旷神怡，远远望去在东侧幽静的山腰中，有一座小山，名为"万花山"。梅兰芳很喜欢这个地方，后来便在山脚下买下一块地，上面种了几十株翠柏和松树，于山坡中间修了一条道，并筑起几十层台阶；在路口靠右边还盖了三间小砖房，流连忘返时，就在那屋里小住几天，倒也清闲自在，平时雇有专人看管此屋。梅兰芳的第一任妻子王明华病故后，就安葬于此。

1961 年 5 月 31 日，梅兰芳率领梅兰芳剧团到北京西郊的中关村，为中国科学院的科学家们演出了《穆桂英挂帅》。这是梅兰芳自 1904 年首次登台以来，在舞台上进行的最后一次演出。

　　1961 年 7 月 30 日，梅兰芳因患急性冠状动脉综合征住进北京阜外医院，经过紧急抢救，到夜里 12 点暂时脱离危险。病床上，梅兰芳看着镜中的自己叹息说："瘦成这样，怎么好贴片子。"他仍然惦记着病愈后再去祖国各地演出。

　　8 月 4 日，周总理到医院探望，他握住梅兰芳的手关切地说："我在北戴河开会，听说你得了心脏急病，住院治疗，特地赶来看你。"梅兰芳说："这大热天，惊动您，我心里很不安。"总理坐在病床边给梅兰芳切脉，并安慰梅兰芳说："我懂一点中医，你的脉象弱一点，要好好静养，好在你会绘画，出院后，可以消遣。"梅兰芳说："这次新疆有一条铁路落成，约我去参加庆祝通车典礼，火车票都买好了，可是走不成了，真是遗憾。"总理说:"等你病好了,愿意到哪里就到哪里,国内国外都可以去。"总理站起来,轻轻按着梅兰芳的身子说:"心脏病,就要躺在床上静养,不要起来。"总理又对医生们说:"你们平时就注意我们中央领导同志的健康,像梅院长的病,应当早就发现。这次经过抢救,希望能转危为安,你们要用心护理。"临离开病房,总理对梅兰芳说:"我明天回北戴河,下次回来再来看你。"

8月7日晚上,梅兰芳精神很好,他对福芝芳说:"这几天我已经好多了,你也不要为我太操心了。你有高血压病,不要来得这么早,要在家多休息,要保重身体。"福芝芳不放心,仍和长子梅葆琛在医院守候。8日清晨5点,梅兰芳病情急剧恶化,在全身抽筋昏迷后,经医生抢救无效,心脏停止了跳动。

　　在党中央的关怀下，梅兰芳治丧委员会由周恩来等六十一人组成，陈毅任主任委员。8月10日上午，北京各界两千余人在首都剧场举行了隆重的梅兰芳追悼大会。陈毅副总理主祭，并代表中共中央和国务院表示哀悼，对梅兰芳同志的家属表示了慰问；原文化部副部长齐燕铭致悼词。中央和北京市有关部门负责人周扬、张苏、夏衍、林默涵等参加了公祭。参加公祭和向遗体告别仪式的还有苏联等各国驻华使节和外交官员，以及正在北京访问的一些国际友人。

　　9日至10日，治丧委员会收到了来自国内外的唁电共二百八十多封。其中国内唁电二百三十多封，来自各地文化艺术团体、机关、工厂、学校及梅兰芳的生前好友和弟子。另有四十多封唁电来自苏联、越南、德国、

梅兰芳追悼会
（陈毅主祭）

梅兰芳追悼会上，
陈毅副总理主祭并
讲话，原文化部副
部长齐燕铭致悼词

捷克斯洛伐克、蒙古、缅甸、英国、希腊等国家的有关
团体、单位、外交官员和知名人士。海外华侨、东京华
侨总会也发来了唁电。

极度哀恸中的福芝芳仅提出了一个请求，就是将
梅兰芳的棺木安放在万花山故地。治丧委员会决定，
梅兰芳的棺柩暂时停灵在八宝山革命公墓，每天由子
女及工作人员轮流在旁守灵，待万花山的墓穴修建完
工后，立即举行安葬仪式。

周恩来总理听到梅夫人的这个请求后，立即指示国
务院派专人陪同梅兰芳的家属到宽街附近的一处棺木
经营处。管理人员介绍，有一口阴沉木的棺木是当初为
孙中山先生准备的，后来苏联送来了水晶棺材，就没有

梅兰芳生前好友的悼念文章

用上，一直存放至今，上级指示任何人都不能随便使用，现在得到周总理的亲自批示，给梅兰芳安息之用。梅兰芳去世后二十天，在万花山故地隆重地举行了安葬仪式。

梅兰芳之墓（修缮后）

　　为了纪念这位杰出的京剧艺术大师，原文化部、中国戏剧家协会、中国戏曲研究院等单位，组成"梅兰芳纪念活动委员会"，齐燕铭任主任委员，田汉、马彦祥任副主任。按照周恩来总理和陈毅副总理的指

示，会上议定了诸项纪念活动。其中有一项是修缮梅
兰芳墓地，委托北京市建筑设计研究院制订规划，并
由当时正在该院工作的梅葆琛负责设计。正当墓地的
设计方案通过的时候，"文化大革命"开始了。幸好
那时的墓地隐蔽在松树林中，墓碑也给人盗走了，所
以才幸免于难。

随着国内改革开放的继续推进，对外交流日趋频
繁，来访的友好人士很多，其中有不少是梅兰芳生前
的好友，他们都很怀念梅兰芳，希望能够瞻仰梅兰芳
之墓，献上一束鲜花。修缮墓地之事也就再一次被提
上了日程，设计任务再一次交到了梅葆琛手上。他采
用了高 2.5 米、宽 1 米的汉白玉墓碑，把它镶嵌在墓
后的虎皮石弓形围墙的中间，在墓碑前正中间安置长

梅绍武携子卫东及孙儿为梅兰芳扫墓

方形花岗石墓头，四周是四瓣花形的梅花，象征着梅氏兄妹四人，一人一边陪伴在父亲梅兰芳的身边。最后梅葆琛经过慎重考虑，决定请梅兰芳生前的秘书许姬传老先生书写"梅兰芳之墓"五个大字。已是 84 岁高龄的许老先生，连续工作了几个晚上，共写了将近二百个字，最后从中挑选出最为满意的五个字，作为定稿。

1983 年 7 月底，香山万花山麓上墓地修缮完成，国内外各界人士得以有机会去瞻仰我国当代卓越的戏曲艺术大师梅兰芳先生的长眠之所。

梅兰芳逝世一周年纪念会。主席台右起：马彦祥、徐兰沅、
老舍、田汉、萧长华、齐燕铭、阿英、姜妙香

十、芳华永驻满乾坤

"梅兰芳纪念活动委员会"根据广大群众的建议和意见，决定开展十项纪念活动：

第一，举办电视、广播讲座和各种类型的座谈会，介绍、宣传、继承和发扬梅派艺术。

第二，发行《梅兰芳舞台艺术》纪念邮票，共八枚，一枚便装像，其余为剧照，有《抗金兵》的梁红

梅兰芳逝世一周年时发行的纪念邮票

玉、《生死恨》的韩玉娘、《穆桂英挂帅》的穆桂英、《天女散花》的天女、《宇宙锋》的赵艳蓉、《霸王别姬》的虞姬、《牡丹亭》的杜丽娘。

第三，举办"梅兰芳艺术生活展览"。

第四，举办纪念演出。

第五，出版《梅兰芳文集》《梅兰芳演出剧本选集》。

第六，再版《舞台生活四十年》第一、二集，出版第三集。

第七，出版《梅兰芳艺术》上、下册，《我的电影生活》。

第八，拍摄《梅兰芳》传记电影。

第九，发行《梅兰芳唱片集》。

第十，发行《梅兰芳画册》。

《舞台生活四十年》（梅兰芳述，许姬传记）

以上诸多纪念活动中，尤为值得一提的是《舞台生活四十年》一书的出版工作。《舞台生活四十年》最早是在上海《文汇报》连载的，由该报新任副总编柯灵策划，黄裳具体联系，从 1950 年 10 月 16 日至

1951 年 10 月 10 日，差不多整一年，刊登了共计 197 期，署名梅兰芳述、许姬传记。连载结束之后，由许姬传、许源来兄弟整理成第一、二集，交平明出版社出版。1958 年梅兰芳与许姬传继续在《戏剧报》上连载《舞台生活四十年》，这部分内容后来被集结为第三集。人民文学出版社、中国戏剧出版社、团结出版社、东方出版社、新星出版社都先后再版过《舞台生活四十年》，两版《梅兰芳全集》（河北教育出版社、中国戏剧出版社）也都收入了这本书。此外我国香港地区和台湾地区还有数个未经授权的翻印版，苏联于 1963 年出版了俄文版。

《舞台生活四十年》数十年来长销不衰，固然有梅兰芳这位伟大的戏曲表演艺术家的名人效应在发挥作用，但更重要的是这套书本身所具有的特殊的光芒与神采。

当开始写作此书时，梅兰芳曾给许姬传定出几条原则："一、要用第一手资料，口头所述和书本记载，详细核对，务求翔实。二、戏曲掌故，浩如烟海，要选择能使青年演员和戏校学生得到益处的故事。三、不要自我宣传。四、不要把党、政、军重要人物的名字写进去，这样会使人感到是要借此抬高自己的身份。五、不要发空议论，必须用实例来说明问题。六、我们现在从清末谈起，既要符合当时的社会背景，又要避免美化旧时代的生活，下笔时要慎重。"其中最提纲挈领的两条，是在历史细节上多方考证，务求"翔实"，在艺术随笔中集思广益，力求"有益"。

2008 年 7 月 9 日，梅葆玖在梅兰芳纪念馆指导
弟子董圆圆、胡文阁《贵妃醉酒》身段

　　例如，尽管余叔岩与梅兰芳合作搭班的时间极为短
暂，但鉴于余叔岩在京剧老生行当中承前启后的重要地
位，《舞台生活四十年》中依旧给了他极大的篇幅。在写
作余叔岩相关的章节时，梅兰芳叮嘱许姬传："必须把
这一章写好，搜集资料要从以下几个方面进行：一、老

《兰芳讲坛》第二期，梅兰芳弟子胡芝风在
梅兰芳纪念馆讲座（2018 年 10 月 29 日）

艺人；二、老朋友；三、余门弟子；四、与余合作的演
员、乐队；五、查对文字资料，务求翔实。你要亲自出
马，有些老人可以相约酒楼小饮，缓缓咨询。总之，关
键性的事例要反复核对，弄清来龙去脉。"为了写好这
一章节，许姬传走访了五十余人，针对余叔岩在春阳友

会走票的一段经历，他还找到创办人樊棣生、孙庆堂，获得了很多珍贵的史料。至于余叔岩扮演萧恩、正德帝的唱、念、身段神情，余派名票、余门弟子、琴师、鼓师等人提供了大量第一手资料，许姬传为之逐条注释。这种认真务实的态度使得这一章节对于京剧老生艺术的传承有了不凡的意义。

正是由于《舞台生活四十年》完美贯彻了写作开始时的务求"翔实"、力求"有益"这两条原则，才使它超越了一般的艺术家回忆录，成为京剧艺术鼎盛时期那一代艺人共同留给后人的宝贵遗产。这本《舞台生活四十年》也注定会随着时间的流逝愈加显出其独一无二的艺术价值。

中华人民共和国成立七十周年之际，
梅兰芳被授予"最美奋斗者"称号

　　梅兰芳留给后人如此珍贵的文化遗产，后人也需
要更加具体的空间以寄托怀念，更加立体地感受梅兰
芳生命历程中的点点滴滴。

　　梅兰芳的故乡江苏省泰州市自 1984 年起，在三面
环水、地势高爽、景色秀丽的凤凰墩地区，相继兴建了

梅兰芳纪念亭、梅兰芳史料陈列馆以及梅兰芳公园，以寄托故乡人民对梅兰芳的无限怀念之情。

1983年，国务院正式批准建立"梅兰芳纪念馆"。在周扬、周巍峙同志的具体指示下，成立了纪念馆筹备组，由马彦祥同志主持，最后选定在护国寺街梅兰芳故居建立梅兰芳纪念馆。

1986年10月，梅兰芳诞辰九十二周年之际，梅兰芳纪念馆正式开馆。纪念馆揭幕当天，习仲勋、宋任穷、夏衍、曹禺等领导同志出席。

纪念馆正门为朱漆大门，上悬邓小平同志亲笔题写的匾额"梅兰芳纪念馆"。进门后迎面所见青石砖

梅兰芳研究中心成立授牌仪式，中国艺术研究院院长连辑（右二）、梅兰芳纪念馆馆长刘祯（右一）、副馆长刘锁荣（左一）、名誉馆长屠珍（左二）在揭牌后合影

瓦的大影壁前，安放着一座梅兰芳的半身塑像。在屏门内小影壁前，摆有四个石质刻花小圆墩和一个汉白玉的鱼洗。东、西、北房筑有穿廊，红漆圆柱。廊沿

戏曲艺术大师梅兰芳塑像落成
李瑞环习仲勋为塑像揭幕

本报北京10月23日讯　在梅兰芳诞生95周年之际，一座洁白如玉的梅兰芳先生塑像在梅兰芳纪念馆落成。李瑞环、习仲勋今天为梅兰芳塑像揭幕。

梅兰芳先生是我国著名的戏曲艺术大师。其故居于1986

10月23日是著名京剧表演艺术家梅兰芳先生诞生95周年纪念日。李瑞环、习仲勋为梅兰芳纪念馆的落成的梅兰芳塑像揭幕。

新华社记者　唐师曾摄

年落成为梅兰芳纪念馆对外展出。1989年9月经整修后重新开放、增加了展室、辟出《梅兰芳》各个时期的演出及社会活动情况。

李瑞环在落成就会就馆时说，一定要珍惜和弘扬中华民族的优秀文化传统、继承和发展。首先要继承优秀文化传统、没有继承、就没有发展。只有继承了我们民族文化的优秀传统，才能建设社会主义文化。我们要反对民族虚无主义。应该明白：越是民族的东西、越能走向世界。外国人批评我们的不足，但他们却

尊重我们民族的优秀文化传统。

看到梅兰芳生前演出的剧照，谈起梅兰芳的艺术贡献，李瑞环指出，要振兴京剧，一靠领导重视，二靠群众支持，更要靠京剧界人士齐心合力。他希望铜界众中力量，推出一批代表当代以源水平的剧目。群策群力比个人奋斗更要得多。

出席今天塑像揭幕式的还有朱穆之、贺敬之、荣高棠、英若诚、张庚、马少波、张君秋、袁世海、周桓珍、许姬传等。

（苏丽萍）

1989 年 10 月李瑞环、习仲勋在梅兰芳纪念馆为梅兰芳塑像揭幕的报道

上有鲜艳的彩绘。院内有两棵柿子树、两棵海棠树，寓有"事事平安"之意。纪念馆分为正院和外院两部分。正院保存故居原貌，会客厅、书房、卧室和起居室内的各项陈设均按梅兰芳生前生活起居原状陈列。东、西展室及外院展览室为展览陈列区，不定期更新

《琴芳梅兰》于梅兰芳纪念馆首演：胡文阁表演《霸王别姬》
（2018 年 5 月 6 日）

展览内容。梅兰芳逝世后，夫人福芝芳及子女将家藏
数万件珍贵文物文献捐献给国家，现为梅兰芳纪念馆
收藏。

2018年，梅兰芳研究中心在梅兰芳纪念馆挂牌成立。在新时代的学术转型升级中，梅兰芳纪念馆广泛征集、挖掘和整理相关文物文献，在展览、科研、传承、演出、传播与普及等多方面都取得了丰硕成果：2018年度国家社会科学基金艺术学重大项目"梅兰芳表演艺术体系及相关文献收集整理与研究"获得立项，创办专业学术刊物《梅兰芳学刊》，2018年举办"东方与西方——梅兰芳、斯坦尼与布莱希特国际学术研讨会"，策划、出品古琴·京剧跨界演出《琴芳梅兰》等，在梅派艺术的传承和发展方面发挥了重要作用。

图书在版编目（CIP）数据

梅报万物春：梅兰芳与新中国 / 柯琦编著 . —北京：知识产权出版社，2022.1
（梅兰芳艺术人生文丛 / 刘祯主编）

ISBN 978-7-5130-8011-8

Ⅰ.①梅… Ⅱ.①柯… Ⅲ.①梅兰芳（1894–1961）—生平事迹 Ⅳ.① K825.78

中国版本图书馆 CIP 数据核字（2021）第 263549 号

策　　划：刘　祯　　王润贵　　　责任编辑：刘　鹗
装帧设计：智兴设计室·段维东　　责任校对：谷　洋
内文制作：智兴设计室·熊　薇　　责任印制：刘译文

梅报万物春

梅兰芳与新中国

柯　琦　编著

出版发行：知识产权出版社有限责任公司　网　　址：http：// www.ipph.cn
社　　址：北京市海淀区气象路50号院　　　邮　　编：100081
责编电话：010-82000860转8119　　　　　 责编邮箱：liuhe@cnipr.com
发行电话：010-82000860转8101/8102　　 发行传真：010-82000893/82005070/82000270
印　　刷：天津市银博印刷集团有限公司　 经　　销：各大网上书店、新华书店
　　　　　　　　　　　　　　　　　　　　　　　　　 及相关专业书店
开　　本：787mm × 1092mm　 1/32　　　 印　　张：5.75
版　　次：2022年1月第1版　　　　　　　 印　　次：2022年1月第1次印刷
字　　数：65千字　　　　　　　　　　　 定　　价：39.00元

ISBN 978-7-5130-8011-8